Vores år med haiku

Vores år med haiku

Peter Foersom og Signe Foersom

Vores år med haiku

© Peter Foersom og Signe Foersom 2025

Forlag: BoD · Books on Demand, Strandvejen
100, 2900 Hellerup, bod@bod.dk

Tryk: Libri Plureos GmbH, Friedensallee 273,
22763 Hamburg

Omslag: Peter Foersom (foto)

ISBN 978-87-7145-829-9

Indhold

Fem, syv, fem

Det var Kim Skotte, der gav os ideen. Eller rettere: Det var Signe, som opdagede Kim Skottes "365 – et år i haiku", som han udgav i 2019, og foreslog, at vi prøvede det samme, altså at skrive en haiku hver dag og udveksle dem pr. mail.

Det var i året 2019, hvor Signe mistede sin mor og Peter sin hustru og livsledsager gennem mere end 50 år, da Rie efter kort tids sygdom døde i juni.

Vi bor 100 kilometer fra hinanden, men måske et dagligt digt kunne gøre afstanden kortere.

Vi kendte godt haikuen, som er en gammel japansk digtform. En haiku er et trelinjet vers med fem stavelser i første linje, syv i anden og fem i tredje. Der skal helst være noget med en årstid og et skift i perspektiv undervejs.

Formen har været kendt i Skandinavien i
hvert fald siden slutningen af 1950'erne,
måske inspireret via de amerikanske
beat-digtere i Californien, introduceret
her i landet af Torben Ulrich og fulgt op
af Hans Jørgen Nielsen med en række
gendigtninger i bogen Haiku (1963).

Men for os var det Kim Skotte, der vi-
ste, at haiku var noget, vi selv kunne
skrive.

Det blev ikke til en haiku fra os begge
hver eneste dag, men temmelig mange
alligevel og det blev næsten som en dag-
bog, da coronaen meldte sig i marts.

Vi har sorteret en smule, men har fast-
holdt inddelingen i måneder og gengiver
her vores 2020 med Signes haiku på ven-
stresiderne og Peters til højre.

Rykkerup 2025

10

JANUAR

Haikumaraton
Et om dagen i et år
Starten er gået

Himmelblomsterne
drysser deres kronblade
over et nyt år

Træt serpentine
vrider sig under lampen
Nyt år er begyndt

Tuschpennen danser
tøver ved nytårsønsket
Good er det bedste

Roser på graven
lyser i vintermørket
Rådyrs fredagsguf

Flammernes runddans
Brændeknudens gavmildhed
Varm hengivelse

Skævt smil på himlen
Månen en halv appelsin
Hvad griner du af?

Fredfyldt formiddag
Sovende børns åndedræt
Gyldent pusterum

To mejsebolde
urørt under udhænget
Mejsen er ude

Elefanterne
skal trænes til at glemme
livet i cirkus

Livsafgørende
uddannelsesparatheds-
vurdering går ik'

Solens morgenkys
får himlen til at rødme
Mørket chanceløst

Nøgne vintertræer
Himlen er grå og sløret
Jorden er pløret

Vådblanke veje
Træerne danser regndans
Bil bruser på tværs

Vandstanden stiger
Et klonk runger i brønden
Drænpumpen starter

18

Alt er gråt i gråt
Himlen, skoven og søen
Alt er vådt i vådt

Den silende regn
udvisker dage, nætter
Gør digteren stum

Rastløse fugle
nipper til mejsebolden
Flyvske visitter

Mangfoldigheden
indtagende ørenær
Spotify spiller

Enlig blåmejse
nipper skeptisk til bolden
Fedt nok for i dag

Morænelandskab
Spor af vand og is og tid
Vi flygtige små

Hvidglødende sol
Afmægtig mod kulden
Distanceblænder

Solen larmer vildt
Skriger gennem skysløret
Se mig, se, hvad jeg kan

Solkuglen daler
Farvel og tak for i dag
Vi ses i morgen

Punkteret cykel
spærrer eneste udvej
Flad fornemmelse

Svømmehallens vand
renser alle slimhinder
Kemiske kærtegn

Skovbørnehave
Tusinde småkviste på rad
Lovende fremtid

Stregen på himlen
fra flyverens udstødning
tegner luftvejen

Birkestammerne
fanger dagens sidste sol
Glødende hvidguld

Ellesumpenes
sorte vand spejler vores
inderste mørke

Mørket lister frem
i skjul bag måneskinnet
Vi ser det ikke

Små hvide klokker
ringler i mit blomsterbed
Vintergækketid

Erantis glaner
selvoptaget mod solen
Hvem tror du, du er?

Vintergækkerne
løfter deres hoveder
Små raske gutter

Himmelhøj jubel
Erantis vintergækker
Livet er en fest

Solkuglen har kurs
mod fjerne horisonter
Vorherre bowler

Jagerformation
Skarp, sort synkronicitet
Skarverne kommer

Tavse blikdåser
råber i deres montre
Vi var kun dåser

Årsdag for Auschwitz
Datoen trænger sig på
Kynisk erindring

Kvidren i luften
Sol over klitplantagen
Januars forår

Kystlinjens runding
Brændingens rytmiske rul
Glimt af evigheden

Jylland forsvinder
Opløses i regn og dis
Sejler mod intet

Ostehandlerens
vellagrede blåskimmel
Fingerens duftspor

Vanvittig vinter
Regnbuen som klimaskærm
med håndholdt tørvejr

Hjemvejens gåde
Intetheden forsvandt i
søens stille spejl

Inderst i vigen
Siv i sildebensparket
Et bølgende gulv

Kvidder i hækken
Solen, førsteviolin
Vinterdag i dur

En kile af lys
gennembryder skydækket
Manifestation

Cantis sidste kast
Målet og manden er et
Evigheden ramt

Fugten omslutter
skoven, byen og sjælen
Forandring fryder

November er lang
Flere måneder ved vi
Lissom januar

Vådt og gråt igen
Januar står på repeat
Tømt for ideer

FEBRUAR

Kirkens kobbertag
gløder om kap med solen
Gylden himmeldyst

Musvitter jager
blåmejserne væk indtil
spætmejsen kommer

Fuglene flyver
jublende mange i flok
De skal samme vej

Fugleflokkenes
priktegninger i disen
Skriften på himlen

Død fugl på vejen
Det gule næb lyser op
Sangen forstummet

En favnfuld cykler
jongleres ind for natten
Fyraften kalder

Vinden har lagt sig
Barometret i frit fald
Nu kommer stormen

Stenkvinden græder
Kaldt til live slag for slag
Ikke kun til fest

Stenkvinden græder
Min far er gået viral
Verden er tosset

Mit virale liv
forsvandt efter tre døgn med
seksoghalvfems likes

Nu er det forbi
Flygtighedens små glæder
Der var det, det var

Så godt at vide
Mere gods i poesi
end at jagte likes

Stenkvinden står fast
Trodser den hylende storm
En solid natur

Dennis er navnet
som en syg diagnose
Stormende kuling

Solbjerg Kirkegård
Ruskregn og kastevinde
Grædende engle

Regnen på taget
kærtegner min øregang
Inde er her rart

Brokbind i skuffen
venter pænt til næste gang
Ikke noget brok

Nej, du bliver for fed
siger Lise og giver
katten en skål til

Nedtrykt vandreblok
Nu skal man være høj og slank
for at blive elsket

Vintergækkerne
løber så hurtigt de kan
Vi ser det ikke

Venter på bussen
Lastbiler drøner forbi
Ænser mig ikke

Hjulspor på marken
Kanaler fulde af vand
Langstrakt himmelspejl

Hensat på loftet
fandt jeg spor af mig selv i
en glemt udgave

Et lag støv havde
lagt sig afværgende på
fortidens gemmer

Når Jens Vejmand brat
tabte hamren, bar Thiel P
ham over heden

Når sneflokkene
vrimler i hukommelsen
får alle snefri

En verden af vand
Søen slikker om min fod
Kun mågerne ler

Gives væk: skøjter
i bytte for: paddle board
Verden forandres

Vand, vand overalt
Åen breder sig på land
Stander i våde

Søen slikker sig
om munden veltilfreds og
i perlehumør

Regnvejr og strid blæst
med vindstød af stormstyrke
Udsigt på repeat

Sivene ryster
som den gamle digters hånd
Skriver i vandet

Solrig morgenstund
kitter sprækkerne i den
tørre vintersjæl

Solstråler skingrer
Mærker varmen i panden
Bli'r i godt lune

Fuglene forlod
foderpladsen i morges
Nu er det forår

MARTS

Første forårsdag
Kaffe i sol, naboens
græsslåmaskine

Katten slænger sig
i frydefuld dovenskab
på flisegangen

Vintergækkerne
flintrer rundt i baghaven
Snart udmattede

Vintergækkerne
hilser anemonerne
Tid til vagtskifte

Brun veksles til grøn
Vi står i kø og længes
Forår i høj kurs

Al den livslyst
Boblende, sprudlende, vild
Jeg bli'r helt udkørt

Laura søgte bort
da hun var blevet brugt som
ludopræmie

Laura kom igen
da hun skulle stege i
snavsede gryder

Jeg koger to æg
og finder et tyndt lag kalk
i kasserollen

Jeg skrubber kalken
af kasserollen mens jeg
tænker på Laura

Rislende stråle
fra hullet i tagrenden
Istappens fravær

Varm te i kruset
Dagen fuld af mulighed
Jeg drikker grådigt

Manne Corona
var en cigar fra Jylland
Far røg Advokat

Mundbindet strammer
Høreværnet holder tæt
Brillerne dugger

For at forsinke
den ondsindede virus
lukker Danmark ned

Blomstrende hvidtjørn
midt i det nøgne landskab
Florlet drømmesyn

Fløjtespillerens
triller snor sig om lærkens
Forårsbebudere

Har jeg tabt nøglen
eller glemte at låse
og lod den ligge?

Norsk gas til Polen
På rørlagerplads 15
er rørene klar

Kaput vandvarmer
60 liter vand på gulvet
Ingen kaffevand

Skoven efter regn
Grene svangre med dråber
Stilheden knitrer

Lamperne tændes
Forlænger den korte stund
før mørket sejrer

Internering og
tvangsmedicinering
Corona hersker

Min tid er aflyst
Lægen vil undgå trængsel
i lægehuset

Hænderne i ro
Ikke pille eller klø
Virus skal tæmmes

Skovbunden lyserød
Sidste års løvfald gløder
i solnedgangen

Vågner i natten
Mørket insisterende
Stilheden larmer

Som en elefant
ved stranden lander spætten
på foderbrættet

De søde mejser
med de blå huer holder
alle andre væk

En enkelt rotte
hos naboen gav forbud
mod fuglefodring

Rastløse fugle
læser mejseboldens tekst
Det er bogfinker

Skarp sol og haglstorm
Aprilsk vejrakrobatik
rusker krop og sind

Høgens vingeslag
Usynlige penselstrøg
kærtegner himlen

Det gamle foto
hilser fra en svunden tid
Badet i tårer

Kæmpestenen var
på gletsjerrejse nordfra
Ligger stille nu

Efter tusind drej
fik Anton bragt terningen
tilbage til start

Denne forårsdag
bød på ruskregn og haglstorm
Svigefuld årstid

Gjorde haven klar
Lugede, satte blomster
før nattens snefald

Hvis vorteroden
hed guldstjerne var den en
elsket forårsblomst

Vipstjerten vipper
velfornøjet med stjerten
Endelig fremme

Titusind snefnug
danser på morgenkvisten
Det var dén vinter

Rimfrost på græsset
Vintersangens sidste vers
Solen tørrer op

APRIL

Sidder i skoven
mellem bøg og anemoner
Ser foråret ske

Stien flad og bred
Slidt af hundrede fødder
Alle de ture

Buldrende kvasbål
brænder ud af kontrol i
et hedt øjeblik

Mærker min vens kram
Et ekko af varme på
min hudsultne sjæl

Tæller stavelser
Rækker ud i leg med ord
Sammen hver for sig

Solsortenes sang
fylder verden med toner
Jager natten bort

En gren på bunken
lagt til de andre tusind
Mængden giver mening

Vinden har lagt sig
tyst under trækronerne
Solsortens landskab

Vandet krystalklart
Blodets brusen i kroppen
Den første dukkert

Svanehannerne
puster sig op for hende
Hvem bli'r tilovers?

Den lune aften
Dagen lægger sig til ro
Solsorten synger

Frase på frase
Altid det rigtige valg
Aldrig sunget før

Jeg blev så glad da
solsorten uden tøven
fortsatte sin sang

Katten er kulret
Strinter, finder ingen ro
Alt dette forår

Børn bygger hule
Den gamle eg hører de
unge hjerteslag

Sti mellem graner
Ronja Røverdatters land
lokker mig til sig

Godnathistorien
tæmmer de flyvske tanker
Nu kan du sove

En stribe billeder
fra Ries kamera viser
verden som hun så

Skovens største træ
har tabt en stor sidegren
Det er stadig størst

Skovens ældste træ
har tabt en stor sidegren
Det er stadig ældst

Havevisitter
Kaffe og rødternet dug
Sammen på afstand

Astmatisk æsel
Naboens håndskubbede
kæmper mod græsset

Anemonerne
pakker kjolesættet væk
Tak for denne gang

Nælderne bebor
hjørnet i den gamle park
Her gøres intet

Huset er borte
Liljerne står tilbage
Blomstrer for ingen

De gamle bøge
fejrer forår i skoven
med en lukket fest

Fasanen besér
spankulerende vejen
Alt synes OK

Byen er stille
Himlen blå og luften klar
København onsdag

MAJ

Katten tog duen
i haven i går. Duen
blev flad. Katten glad

Svigefuldt forår
Rimfrost i mit blomsterbed
Slagregn mod min sjæl

Majmånen i guld
Aftenstjernen glimter tyst
Dagen har lagt sig

Månens guldskive
Aftenstjernes tyste glimt
går med min skygge

Bader mig langsomt
i skovens grønne stråler
Shampoo og balsam

Skovsalen får tag
Den dybe ro giver genlyd
Standser for grønt lys

Havet olieblankt
Kun færgens dieselmotor
bryder stilheden

Syrener og raps
svøber deres dufttæpper
omsorgsfuldt om os

Kastanjen kaster
sit lys i gadekæret
Tiden står stille

Vinden har lagt sig
Mælkebøttens flokskugle
håber på et pust

Solsortens skovsang
afbrydes pludseligt af
hestenes galop

Forsigtige dryp
Himlen samler sig i gråt
Stille forårsregn

Knagende salver
genlyder over mosen
Frøerne synger

Jætternes stue
er lav, dunkel og stille
Oldtiden er klam

Herliggrøn skov
Røde flag mod blå himmel
Heldigt forårsbarn

Fuglealarmen
melder lille skrigeørn
set ved Frederikshavn

Flagermusens jagt
under appelsinmånen
Vindstille majnat

Æbleblomsterne
Rosa snefnug i græsset
Det var dét forår

Vandfladens lysglimt
Brændingens muntre smasken
Østersøens smil

Uendelig sang
Altid ny aldrig forfra
Lærken i himlen

JUNI

Haiku, min haiku
Hvorfor har du forladt mig?
Kilden løbet tør

Overfaldsbygværket
sender lorten i havet
når kloakken er fuld

Kaprifolien
strækker sine fangarme
mod junihimlen

Roserne driver
på himlens mørkeblå hav
Lysende gopler

Guld i kugleform
triller tyst gennem natten
Dagens bagside

Tidlig morgentur
Kun fuglene er vågne
Farvel, nattero

Byggens tågeslør
glimter i morgensolen
Marken skyder ryg

Piller i mulden
under den hyppede top
Der er lagt guldæg

Det vil glæde mig
hvis dræbersneglen er rejst
Den ros skal den ha'

Tunnelen udspyr
varme, trætte pendlere
Smeltede sjæle

Kornet går i aks
Roerne lukker rækken
Lollandsk poesi

Blikstille idyl
Kun sagte plasken høres
Aftensvømmetur

Svalerne dykker
Snupper en snack i farten
Sølvsmeden flygter

Jeg hørte et fløjt
Jeg troede det var til mig
Det var solsorten

Stille aftenregn
Solsorten søger stadig
en glemt melodi

Svalerne stryger
lavt over søen og mig
Dukkert før regnen

Titusind skralder
klikker i mosekoret
Kan I høre mig?

Rågerne råber
Jeg råber hidsigt igen
Håber de flyver

Kredsende ørn
over villakvarteret
Hvem bli'r dens bytte?

Ørneungerne
basker vildt med vingerne
De flyver om lidt

Tusind egetræer
Spinkle kviste på række
Kurs mod fremtiden

Brumbassen har travlt
Lupinskoven skal passes
Styr på teknikken

Ringe i vandet
Bygen passerer forbi
Sætter ingen spor

Nu blomstrer hylden
Mon den blomstrede i fjor
Jeg så det ikke

Solsorten synger
Utrætteligt også her
For dig min kære

En strøm af tårer
meldte sig uvarslet da
jeg tænkte på dig

Færdig med skolen
Et nyt liv kan begynde
Solskin på din vej

Savnede bålets
dundervarme glædesblus
Farlig midsommer

JULI

Grådigt drikker jeg
klithedens farvepalet
Næring til min sjæl

Død skarv på stranden
"Trist" siger min søn på ti
Er en død skarv trist?

Sjaskregn og solskin
Drivende skyer i blåt
Sommervejrets kunst

Blæst og byger
Sommervinden vælter dig
Regnen gør dig våd

Fremmede snegle
vågner i sommerregnen
Troede de var rejst

Drivende skyer
maler lys og skygge i
konstant forandring

Hulsten på en snor
Grønne af mos og lav
Tiden i en tråd

Lykkesten på snor
gynger venligt for vinden
Gaver fra havet

Vindens fejekost
kratter i klatskyerne
Bygen går forbi

Peristaltikken
belønner den hjemvendte
Atter skider jeg

Lola kaldes hun
Arkæologernes digt
Fortidens nærvær

En skarp splint af flint
fæstnet til en pilestump
lå i havbunden

Robåd fortøjet
mellem før og for nylig
Tiden er standset

Baskende lærke
Levende node til sin
endeløse sang

Septictanken er
blotlagt i klintens lervæg
Havets næste bid

Kornets krydderduft
breder sig ved markvejen
Forvarsel om høst

Grågæs på farten
Nu af sted, af sted, af sted
Sommeren hælder

Dagen er forbi
Skyerne er faldet til ro
Skal ikke mere

Et stjernesprøjt på
midnatshimlens nordside
Det er en komet

AUGUST

Sølvglimt i solen
Dueflokkens vingeslag
En stime luftsild

Den gamle dysse
upåklageligt genskabt
Fortiden er ny

Sommerfuglebusk
samler påfugleøjer
Vingerne blafrer

To sommerfugle
sværmer i lyssøjlen
Vertikal ballet

Granerne borte
Efterlader sig huller
af lys og minder

Rågerne samles
råbende i skovhjørnet
Drages mod Kragholt

Rågernes besøg
var kun skræmmende skratten
Flokken er fløjet

Krabbefangerne
Fiskenet og dåseøl
Latter i solen

Mejetærskeren
brummer luften fuld af støv
Det lugter af høst

Bølgernes genspejl
Tangen griber mine tæer
Første svømmetur

Vinden har lagt sig
Dagen er faldet til ro
Det bliver en lun nat

Klirren af istern
Citron på sned som en hat
Hedebølgedrik

Knallerternes drøn
river stilheden itu
Villavejsbøller

Dagen har lagt sig
Fuglene tier i kor
Sommeren er træt

Varmt også i dag
Der var nok til os alle
Rigeligt til mig

Heden på engen
Skovens svale åndehul
Cykelturen hjem

En snog bugter sig
En fin rille i støvet
Vi sætter os spor

Kom, bulder og brag
Vand luften med voldsom regn
Tid til vejrskifte

Sølvpoplens raslen
Bølgernes sagte klukkluk
Paradismorgen

Morgen på stranden
Guldsmed på min ostemad
Sand i min kaffe

Mirabellerne
Gyldne prikker i solen
De er møgsure

Luften er støvet
Marken er fuld af lyde
Der høstes hvede

Hvidt lys i natten
Mørket holder ferie
Stjernerne skyder

Gråsorte skyer
Varsel om torden og regn
Sensommerlængsel

Blåsorte skyer
kysser træernes kroner
Om lidt bli´r jeg våd

Flygtige farver
Ingen kommer igennem
regnbuens portal

Ægte siksaklyn
En sjælden sommergæst
Tordenvejrets fryd

Bil på regnvåd vej
trækker smasklyd efter sig
Dækkene får bad

SEPTEMBER

Tålmodig poet
sender dagens haiku ud
Modtager intet svar

Udplantet grantræ
voksede i udsigten
Saven gjorde lyst

Venteværelset
Ansigter mærket af liv
Vi får en ny tid

Drømme svæver ad
mælkevejens stjernesti
over Vindbyholt

Engen ånder tungt
Nattens dug fordamper i
morgensolens glød

Mosekonen har
gang i den store gryde
Søen ånder tungt

Mus lugter pølse
Utroligt fristende luns
Smæk

Et ungt blommetræ
kan næsten ikke bære
vægten af sommer

Fuldfede stjerner
på septemberhimlens hvælv
Bugnende høstnat

Skrædpperne rækker
deres dødningehænder
mod aftenhimlen

Uvenlig tidsel
blomstrer for sig selv, sætter
burrer i min vams

Enkelte spanske
skovsnegle blev heroppe
trods coronaen

Rådyrene kom
på besøg i nat og åd
mine rødbeder

Træstammer tegner
stregkoder på skovstien
Alting har sin pris

Elskende træer
Forenet for evigt i
verdens længste kys

Tabt mundbind vrider
sig obskønt i vejkanten
Holder intet væk

Den trætte sommer
har glemt sin afsked som en
gæst der vil blive

Den knastørre å
Blotlagt, livløs og forladt
længes efter regn

Alfaer skridter
Hastige klik bag skærme
Kontorhabitat

Bladene finder
de kulørte rober frem
Efterårsdansefest

Gul appelsinbåd
vugger på aftenhimlen
Halvmånesejlads

Dagen begynder
med hvide spor efter den
første nattefrost

Sensommermode
fra højsol til nattefrost
Luftkølede knæ

En natlig frostgrad
sendte de trætte træer
i garderoben

Hundelortene
i gylden, beige og brunlig
Lugter lige fælt

Foran på stien
karrierekvinderne
Jeg sænker farten

Gråligvåd morgen
Tunge dryp fra tagskægget
Effektiv luftrens

Kortere dage
Solen tøver i disen
Går hurtigt forbi

OKTOBER

Efterårsskoven
møder mig med farvesmil
Gensyn med en ven

En pludselig luftning
byder bladene til dans
Skovbal på stien

Vågner fortumlet
af let søvn og nattegøgl
Arbejdstømmermænd

Skoven er stille
Løvfaldet tøver. Jeg har
glemt mit hørerør

Edderkopperne
lægger æg i hjørnerne
Tvivlsom strategi

Frostens første kys
får bøgen til at rødme
Skal det være os?

Rødt lysende løv
på den nye blåbærbusk
Sibirisk ekko

Træerne tøver
ved bøjlestangens udvalg
Hvor er mit festtøj?

Rødbøgen troede
den var ene om farven
Rødbøgen tog fejl

Så kom farverne
Skovbryn fornyet i nat
Ka' du se vi ku'

Frosten forleden
gjorde træerne klar til
Henriks fødselsdag

Kuldsejlet bille
Seks ben spræller desperat
Lad mig hjælpe dig

Kragen skælder ud
Basker arrigt og er væk
Jeg står tilbage

Regnbuen sætter
horisonten i ramme
Den er der ikke

Skovbunden larmer
Visne blade knaser sprødt
Tæppet trædes til

Frostens fandango
Vild som ingensinde før
Henført øjenlyst

Efter biksemad
Middagsgæsten henfalder
helt isotopisk

Togets lygteblik
nærmer sig ubønhørligt
Planmæssig modfart

Billie Holiday
Loveable Miss Brown to you
Synger lige nu

Efterårsvemod
Atter mærkes suget fra
sjælens ormehul

Søvnens vingefjer
strejfer min pande, verden
sitrer og er væk

Grådlabil morgen
Ruskevind og piskeregn
For meget af alt

Bladene flyver
flimrende i sollyset
Vor tid er forbi

NOVEMBER

Skovens farvepragt
ligger nu spredt på jorden
Bliver snart til smat

Barnets lyse hår
Kammen trækker plovfurer
Dagens lusejagt

Det brune vinterbed
En usandsynligt gul sol
Morgenfruesmil

Vestenvind i dag
Sibirisk isnende kold
Varsel om vinter

Huen på knagen
urørt i sommerdvalen
Og halstørklædet

Langsomme dage
Følger fugles himmelflugt
Teen trækker skind

Sol i november
efter ugevis af gråt
Uventet gave

Skovbunden gløder
i den lave vintersol
Skyggerne danser

Min nye nabo
har anbragt sit klaver ved
den fjerneste væg

Birken står nøgen
Risene danser i blæst
Guldskat for min fod

Pytten på marken
Lysende flænge i mulden
Himlen spejler sig

Strømlinet flyver
behersker foderpladsen
Spætmejser i flok

Sidste år var det
utallige blåmejser
Nuttethedens fest

Valnødden triller
Kragen styrtdykker frygtløst
Jeg klodser bremsen

Mørket hænger tungt
om sindet og granerne
Tynger os i knæ

Kulden er kommet
Formummede skikkelser
skynder sig i ly

Søen genspejler
lydløst den lave himmel
Nu kommer frosten

Skovarbejderne
former et nyt land ud af
et velkendt terræn

Månen sejler på
skyernes oprørte hav
i sin bananbåd

Langsomhedens år
Erobring i sneglefart
Vil jeg mon sejre?

Månens segl står skarpt
Venus lokker løfterigt
Næsten i himlen

Kulden vælter ned
på kanten af november
Klar til december

DECEMBER

Kontoudtoget
Trussel eller mulighed
Tør jeg lukke op?

Gadelys skærer
Søvnens fæstning er faldet
Hækken står nøgen

Træernes blade
Et tykt lag i skovbunden
Sikken voldsom larm

Fortiden venter
Den har ventet længe nu
Vi haster forbi

Skumringsreception
Klirren af champagneglas
Venner med vanter

Gråhvide skyer
Rågeflokken dansende
Vinterkonfetti

Søen nærmest gul
Ingen fugle flyver nu
Skummelt vejr på vej

Den iskolde vind
Vinterjakken i skabet
Kom bare an, du

Brølende stormvejr
Frisuren i ulave
Det er huetid

Kragernes skræppen
lyder fra det høje træ
Vi er her, kra-kraa

De nøgne grene
strækker sig tomhændede
Længes efter løv

En sprække af lys
drysser guldstøv på vejen
før mørkefaldet

Den lave sol
Nede før den er oppe
Dagen er forbi

Julekabalen
lægges med al respekt for
nationens længsel og savn

Fragtmanden bærer
restriktionerne
i brune pakker

Ruskvind i træer
Bølgende tæpper af regn
Sikket julevejr

Flytter frem og væk
og tilbage igen til
midlertidig plads

Frostmorgnen lyser
Søen pergamentbelagt
Minder om vinter

Bleg kind på puden
Operationen fuldbragt
Foran dig, livet

Dagen før dagen
Intet er som det plejer
Min ven drikker gift

Maleren tøver
Penselen standser sin flugt
Stivfrosne mårhår

Polarbjørnens pels
er drivende våd af sved
Isen forsvinder

Første juledag
Ord og grene slynger sig
Gåtur med min far

Sortplettet græsmark
Mosegrisene holder
ikke julefri

Hjortens hvide blik
stivnet i lygternes skær
Foden på bremsen

Hæst skriger hejren
Nej, du får mig ikke til
talepædagog

Burfiskens mantra
Frem og tilbage igen
Lige langt for mig

Trætte poeter
vakler over målstregen
Året er omme

Tidligere udgivelser

Venskabets kunst
Signe Foersom og Stine Rusbjerg Guldager
Byens Forlag, 2020

Digteren Iben og andre hverdagsvers
Signe Foersom (tekst)
Pia Halse (illustrationer)
Jensen & Dalgaard (udkommer 2025)

Husker du din skoletid?
Peter Foersom (red.)
Årbog for Kulturmindeforeningen og
Museum Lolland-Falster 2014

Befrielsen var i farver
Aage Bodings billeder fra 1945
Niels Thal Jensen og Peter Foersom
Årbog for Kulturmindeforeningen og
Museum Lolland-Falster 2015

Folkekirkerne på Lolland-Falster - set
fra luften
Anders Knudsen (foto)
Peter Foersom (tekst)
Folketidendegruppen og Lolland-Falsters Stift
2018

Særlige Steder på Sydhavsøerne
Anders Knudsen (foto)
Peter Foersom (tekst)
Folketidende Gruppen 2020

Flere Særlige Steder på Sydhavsøerne
Anders Knudsen (foto)
Peter Foersom (tekst)
Folketidende Gruppen 2022